QUITTEN

Herzhaft und süss

Jan Thorbecke Verlag

Inhalt

5 Radicchiosalat mit Quitten, Feigen und Ziegenkäse
vegetarisch

6 Spinatsalat mit pochierten Quitten, Blauschimmelkäse und Pistazien
vegetarisch

9 Salat mit Kirschtomaten und Quittenpaste

10 Quitten-Cannelloni, gefüllt mit Birne, Manchego und Frisée
vegetarisch

13 Pilz-Terrine mit Quittenchutney
vegetarisch

15 Spieße mit Ente und Quitte

16 Quitten-Süßkartoffel-Suppe
vegetarisch

19 Gefüllte Rote Bete mit Linsen und Quitten
vegetarisch

21 Kartoffel-Quitten-Gratin
vegetarisch

22 Bulgur mit Karotten und Quitten
vegan

25 Schwarzkohl mit Quitten
vegetarisch

27 Tajine mit Quitten und Okraschoten
vegetarisch

28 Wachteln mit Mandeln, geschmorten Quitten und Pilawreis

31 Wirsingrouladen mit Quitten-Hackfleisch-Füllung

32 Kalbsragout mit Quitten und Kumquats

35 Chili con Carne mit Quitten

36 Lammragout mit Quitten

39 Couscous mit Meeresfrüchten

41 Mandelcreme mit Birne und Quitte
vegetarisch

43 Quittendessert mit Zimt, Vanille und Lorbeer
vegan

44 Quittenbrot
vegan

47 Millefeuille mit Quittenpaste und Mandelcreme
vegetarisch

48 Sandkekse mit Quittenpaste
vegetarisch

51 Quittengelee mit Safran
vegan

52 Gedünstete Quitten mit Zimtzucker
vegan

55 Kleine Tartes mit Quitten und Brombeeren
vegetarisch

56 Quitten-Crumble mit Äpfeln
vegetarisch

59 Tarte Tatin mit Quitten
vegetarisch

60 Pancakes mit Quittenkompott
vegetarisch

63 Gebackene Quitten mit Walnussfüllung
vegetarisch

Radicchiosalat MIT QUITTEN, FEIGEN UND ZIEGENKÄSE

ZUTATEN

4 Quitten
300 ml Apfelsaft
50 g Zucker
4 Feigen
1 Radicchio
200 g Ziegenkäse-Rolle
4 TL Zitronensaft
4 TL Olivenöl
4 TL Honig

ZUBEREITUNG

VEGETARISCH

1 Die Quitten schälen, halbieren, entkernen und in dünne Spalten schneiden. Den Apfelsaft mit dem Zucker in einer Pfanne erhitzen und die Quitten dazugeben. Bei niedriger Temperatur unter Gelegentlichem Wenden zugedeckt schmoren, bis sich die Quittenspalten leicht einstechen lassen. Dabei evtl. zwischendurch noch etwas Wasser hinzufügen, aber gegen Ende der Garzeit die Flüssigkeit ohne Deckel komplett verkochen und die Quittenspalten leicht bräunen lassen.

2 Die Feigen waschen und in Scheiben schneiden. Den Radicchio-Salat putzen, klein schneiden, waschen und trocken schleudern. Den Ziegenkäse in kleine Stücke schneiden. Den Salat auf einer Platte anrichten, die Quittenspalten, die Feigen und den Käse darüber verteilen. Mit dem Zitronensaft, dem Olivenöl und dem Honig beträufeln.

Spinatsalat mit POCHIERTEN QUITTEN, BLAUSCHIMMELKÄSE UND PISTAZIEN

VEGETARISCH

ZUTATEN

- 2 große Quitten
- 400 ml Weißwein
- 2 Gewürznelken
- ½ Zimtstange
- 1 Sternanis
- 30 g Zucker
- 1 EL Vanillezucker
- 40 g Pistazienkerne
- 4 Handvoll Babyspinat
- 100 g Blauschimmelkäse, z. B. Roquefort oder Gorgonzola
- 2 EL glatte Petersilie
- 1 EL Quittenessig (ersatzweise Apfelessig)
- 2 EL Zitronensaft
- Salz
- Pfeffer, aus der Mühle
- ½ TL Schwarzkümmel
- 1 EL Quittengelee (Rezept s. S. 51)
- 3 EL Traubenkernöl
- 3 EL Olivenöl

ZUBEREITUNG

1 Die Quitten abreiben, schälen, vierteln, vom Kerngehäuse befreien und quer in Stücke schneiden. In einem Topf den Weißwein mit Gewürznelken, Zimt, Sternanis, Zucker und Vanillezucker aufkochen. Die Quitten zufügen und bei schwacher Hitze in 25 bis 30 Minuten weich köcheln. Die Quitten im Sud auskühlen lassen.

2 Die Pistazien in einer beschichteten Pfanne ohne Fett kurz rösten, dann beiseitestellen und abkühlen lassen.

3 Den Spinat waschen, verlesen und trocken schleudern. Den Blauschimmelkäse klein bröseln. Die Petersilie abbrausen und trocken tupfen.

4 In einer kleinen Schüssel den Quittenessig mit dem Zitronensaft, Salz, Pfeffer, Schwarzkümmel und Quittengelee verrühren und beide Öle kräftig unterschlagen. In einer großen Schüssel Spinat, Quitten und Pistazien vermischen. Den Salat auf Teller verteilen, mit Blauschimmelkäse und Petersilie bestreuen, mit dem Dressing beträufeln und servieren.

Salat mit Kirschtomaten
UND QUITTENPASTE

ZUTATEN

4 Handvoll gemischter Blattsalat, z. B. Friséesalat, Feldsalat, Rucola, Eichblattsalat
200 g Kirschtomaten
2 EL Kräuter, z. B. glatte Petersilie, Thymianspitzen, Kerbel
1 kleiner säuerlicher Apfel
80 g iberischer Schinken, in dünnen Scheiben
200 g Quittenpaste, Fertigprodukt oder selbstgemacht (Rezept s. S. 44)
3 EL Zitronensaft
1 TL Apfelessig
1 EL Dijon-Senf
Salz
Pfeffer, aus der Mühle
6–7 EL Olivenöl

Zum Servieren
1 EL glatte Petersilienblättchen

ZUBEREITUNG

1 Die Salatblätter waschen, verlesen, trocken schleudern und in mundgerechte Stücke zupfen. Die Kirschtomaten waschen, trocken tupfen und halbieren. Die Kräuterzweige abbrausen und trocken schütteln, dann die Blättchen abzupfen. Den Apfel waschen, nach Belieben schälen, vierteln, vom Kerngehäuse befreien und die Viertel in dünne Stifte schneiden. Den Schinken in kleine Stücke zupfen. Die Quittenpaste in ca. 7 cm lange, dünne Streifen schneiden. Alle Salatzutaten in eine Schüssel geben.

2 In einer kleinen Schüssel den Zitronensaft mit dem Essig, Senf, Salz und Pfeffer verrühren. Das Olivenöl kräftig unterschlagen und das Dressing mit Salz und Pfeffer abschmecken. Das Dressing über den Salat träufeln und alles vorsichtig durchmischen. Den Salat dekorativ auf Tellern anrichten und mit Petersilie garniert servieren.

Quitten-Cannelloni, GEFÜLLT MIT BIRNE, MANCHEGO UND FRISÉE

VEGETARISCH

ZUTATEN

(Für ca. 12 Stück)
1½ kg Quitten
600 ml Apfelsaft
Saft von 1 Zitrone
ca. 1 kg Zucker

120 g Manchego
1 Handvoll Frisée
2 Birnen
frischer Thymian,
  zum Garnieren

ZUBEREITUNG

1. Ein bis zwei Tage vorher Quittenpaste bzw. Quittenbrot nach dem Rezept auf S. 44 zubereiten und als Platte trocknen lassen.

2. Den Manchego in Streifen schneiden und den Salat waschen, abtropfen lassen und trocken schleudern. Kurz vor dem Servieren die Birnen schälen, entkernen und ebenfalls in Streifen schneiden.

3. Aus der Quittenplatte ca. 12 Quadrate von ca. 5 x 5 cm ausschneiden. Den Käse, die Birnen und den Salat darin einwickeln und mit frischem Thymian garnieren.

TIPP
Wer Zeit sparen will, kauft sich „Membrillo" (spanische Quittenpaste), die schnittfest geliefert wird, und schneidet sich daraus die Cannelloni.

Pilz-Terrine
MIT QUITTENCHUTNEY

VEGETARISCH

ZUTATEN

Für die Terrine
2 Schalotten
250 g Steinpilze
250 g Pfifferlinge
2 EL Pflanzenöl
Salz
Pfeffer, aus der Mühle
2 Stängel Estragon
20 g Schnittlauch
4 Eier
250 ml Sahne
150 g Crème fraîche
1 Knoblauchzehe

Für das Chutney
2 Quitten
2 Äpfel
1 Zitrone, Saft
1 Zwiebel
1-2 EL Apfelessig
100 g brauner Zucker
1 Prise Piment, gemahlen
Salz

außerdem
1 kleine Kranzform (Ø 20 cm) oder
4 Soufflee-Förmchen (Ø 10 cm)

ZUBEREITUNG

1 Für die Terrine die Schalotten schälen und fein würfeln. Die Pilze putzen und halbieren. Die Schalotten in heißem Öl glasig anschwitzen. Die Pilze zugeben und andünsten. Mit Salz und Pfeffer würzen und die entstandene Flüssigkeit verdampfen lassen. Die Pfanne vom Feuer nehmen.

2 Den Ofen auf 160°C vorheizen. Die Form ausbuttern. Den Estragon und den Schnittlauch abbrausen, trocken schütteln, die Estragonblätter abzupfen und hacken. Den Schnittlauch fein hacken. Die Eier mit der Sahne und der Crème fraîche glatt rühren. Den geschälten Knoblauch dazu pressen. Die Kräuter und die Pilze untermischen und mit Salz und Pfeffer würzen. In die Form füllen und auf ein tiefes Backblech stellen. Im Wasserbad im Ofen ca. 1 Stunde garen.

3 Quitten und Äpfel schälen, vierteln, vom Kernhaus befreien und in schmale Spalten schneiden. Mit dem Zitronensaft vermischen. Die Zwiebel schälen und fein würfeln. Alle Zutaten in einen Topf geben und zugedeckt aufkochen lassen. Unter regelmäßigem Rühren ca. 25 Minuten offen bei milder Hitze zu einem dicklichen Chutney einkochen lassen. Abschmecken und abkühlen lassen.

4 Die Terrine aus dem Ofen nehmen, einige Minuten warten und aus der Form stürzen. Nach Belieben noch warm oder abgekühlt mit dem Quittenchutney servieren.

Spieße mit Ente und Quitte

ZUTATEN

4 Quitten
1 EL Rosmarinnadeln
2 EL Honig
Saft von ½ Zitrone
3 EL Butter
4 kleine Entenbrustfilets
1-2 EL Olivenöl
Salz
Pfeffer, aus der Mühle
1 EL heller Sesam

AUSSERDEM
8 kleine Metallspieße

ZUBEREITUNG

1 Den Ofen auf 150 °C Ober- und Unterhitze vorheizen. Die Quitten abreiben, schälen, vierteln und das Kerngehäuse entfernen. Die Quitten in einem Topf mit reichlich Wasser aufkochen und ca. 5 Minuten garen. Aus dem Wasser nehmen und in eine ofenfeste Form geben. Die Rosmarinnadeln abbrausen, trocken tupfen und hacken. Den Honig, Rosmarin, Zitronensaft und Butter in die Form hinzufügen und die Quitten im Ofen in 45 bis 50 Minuten bissfest garen, dann etwas abkühlen lassen.

2 Die Entenbrustfilets von Haut und Fett befreien und das Fleisch in mundgerechte Stücke schneiden. Die Quitten quer in mundgerechte Stücke schneiden und abwechselnd mit den Entenbruststücken auf Metallspieße stecken. In einer Grillpfanne das Olivenöl zufügen und die Spieße darin portionsweise auf jeder Seite ca. 2 Minuten braten. Alles salzen, pfeffern und die Enten-Quitten-Spieße mit Sesam bestreut servieren.

TIPP
Die Spießchen lassen sich auch gut über einer Holzkohlenglut oder auf dem Gasgrill zubereiten.

Quitten-SÜSSKARTOFFEL-SUPPE

ZUTATEN

- 2 Zwiebeln
- 400 g Quitten
- 4 EL Butter (2 + 2)
- 400 g Süßkartoffeln
- 1 Apfel
- 100 g Knollensellerie
- ca. 800 ml Gemüsebrühe
- 100 ml Sahne
- Salz
- Pfeffer, aus der Mühle
- 2 Scheiben Graubrot
- 1 Hand voll Petersilie
- 1-2 EL Zitronensaft
- 4-5 Pimentkörner, im Mörser zerstoßen

ZUBEREITUNG

VEGETARISCH

1. Die Zwiebeln schälen und würfeln. Die Quitten abreiben, schälen, vierteln und das Kernhaus herausschneiden. In kleine Würfel schneiden und zusammen mit den Zwiebeln in einem Topf in 2 EL Butter langsam unter Rühren 6–8 Minuten andünsten, dabei leicht Farbe nehmen lassen.

2. Währenddessen die Süßkartoffeln, den Apfel und den Sellerie schälen, den Apfel vierteln und entkernen, alles in Würfel schneiden. Von der Quitten-Zwiebelmischung 4 EL als Suppeneinlage abnehmen und beiseitestellen. Das Gemüse mit dem Apfel unter die restlichen Quitten rühren. Kurz mit anschwitzen, dann die Brühe und die Sahne angießen. Mit Salz und Pfeffer würzen und unter Gelegentlichem Rühren etwa 20 Minuten auf kleiner Flamme köcheln lassen.

3. Das Brot entrinden und klein würfeln. In einer heißen Pfanne in der übrigen Butter goldbraun rösten. Die Petersilie abbrausen, trocken schütteln und die Blätter abzupfen. Zusammen mit der abgenommenen Quitten-Zwiebelmischung unter die Croûtons mengen und die Pfanne vom Feuer nehmen.

4. Die Suppe fein pürieren. Mit Zitronensaft, Salz und Pfeffer abschmecken und auf Teller verteilen.

Gefüllte Rote Bete mit LINSEN UND QUITTEN

ZUTATEN

8 kleinere Rote Beten
2 Quitten (ca. 300 g)
Saft von 1 Orange
1 EL Honig
1 kleine Zimtstange
100 g gelbe Linsen
250 g Gemüsebrühe
3–4 EL Semmelbrösel
1 EL frisch gehackter Thymian
2 Eier
Salz
Pfeffer, aus der Mühle
2–3 EL Olivenöl

ZUBEREITUNG

VEGETARISCH

1. Die Roten Beten waschen und ca. 40 Minuten gar dämpfen.

2. Währenddessen für die Füllung die Quitten abreiben, schälen, halbieren, das Kerngehäuse herausschneiden und das Fruchtfleisch klein würfeln. Mit dem Orangensaft, dem Honig und dem Zimt in einem kleinen Topf aufkochen lassen. Bei milder Hitze zugedeckt ca. 20 Minuten gar dünsten.

3. Die Linsen in heißer Gemüsebrühe 10–12 Minuten gar köcheln lassen, dann abgießen.

4. Die Quitten (mit 1–2 EL vom Garsud) mit den abgetropften Linsen in eine Schüssel geben und leicht abkühlen lassen. Dann Semmelbrösel, Thymian und die Eier untermengen. Mit Salz und Pfeffer abschmecken.

5. Den Ofen auf 200 °C Unter- und Oberhitze vorheizen.

6. Die Roten Beten kurz ausdampfen lassen, dann schälen, jeweils einen Deckel abschneiden und die Beten bis auf einen schmalen Rand aushöhlen. Auf ein mit Backpapier belegtes Backblech stellen. Mit Salz und Pfeffer würzen und mit etwas Öl beträufeln. Mit der Linsen-Quittenmasse füllen, mit dem übrigen Öl beträufeln und im Ofen ca. 20 Minuten backen.

Kartoffel-Quitten-GRATIN

ZUTATEN

weiche Butter, für die Form
600 g festkochende Kartoffeln
600 g Quitten
Salz
Pfeffer, aus der Mühle
5-6 Stängel Thymian
250 ml Sahne
250 ml Gemüsebrühe
2 Knoblauchzehen
30 g Butter

ZUBEREITUNG

 VEGETARISCH

1 Den Ofen auf 180°C Unter- und Oberhitze vorheizen. Eine Gratinform mit Butter ausstreichen.

2 Die Kartoffeln schälen, waschen und in dünne Scheiben schneiden oder hobeln. Die Quitten abreiben, schälen, vierteln, das Kernhaus herausschneiden und die Viertel ebenfalls in dünne Scheiben schneiden. Abwechselnd mit den Kartoffelscheiben in die gebutterte Gratinform schichten. Zwischendurch kräftig mit Salz, Pfeffer und abgezupftem Thymian würzen. Die Sahne mit der Brühe erhitzen und den geschälten Knoblauch dazu pressen. Über Quitten und Kartoffeln gießen, mit der Butter in Flöckchen belegen und im Ofen ca. 50 Minuten goldbraun backen. Etwas abkühlen lassen, aus der Form nehmen und servieren.

Bulgur mit Karotten und Quitten

VEGAN

ZUTATEN

Für den Bulgur
- ca. 400 ml Gemüsebrühe, vegan
- 250 g Bulgur
- 2 Schalotten
- 1 Knoblauchzehe
- 1 Stück Ingwer, ca. 1 cm
- 5 Möhren
- 2 Quitten
- 2 EL Zitronensaft
- 2 EL Zucker
- 80 ml trockener Weißwein
- 80 ml Gemüsebrühe, vegan
- 80 g Erdnüsse, ungesalzen
- Salz
- Pfeffer, aus der Mühle
- 1 Msp. Zimtpulver
- ½ TL Paprikapulver, edelsüß

Für den Dip
- 300 g Sojajoghurt
- 1 EL Zitronensaft
- 1 Hand voll Blattpetersilie
- Salz

ZUBEREITUNG

1. Die Brühe aufkochen lassen, den Bulgur einrühren, vom Herd nehmen und zugedeckt etwa 30 Minuten quellen lassen.

2. Die Schalotten und den Knoblauch häuten und fein würfeln. Den Ingwer schälen und reiben. Die Möhren schälen, die Enden entfernen, Möhren der Länge nach vierteln und in ca. 6–8 cm lange Stücke schneiden. Die Quitten mit einem Tuch abreiben, abwaschen, schälen, entkernen und in schmale Spalten schneiden. Mit dem Zitronensaft beträufeln.

3. Den Zucker in einem Topf karamellisieren lassen, die Schalotten, den Knoblauch, den Ingwer und die Quittenstücke zugeben, durchschwenken und mit dem Wein und der Brühe ablöschen. Bei mittlerer Hitze ca. 15 Minuten leicht köcheln lassen. Dann die Möhren zugeben und 5–10 Minuten mitgaren. Die Erdnüsse untermischen und alles mit Salz, Pfeffer, Zimt und Paprika abschmecken.

4. Den Sojajoghurt mit Zitronensaft glatt rühren. Die Petersilie waschen, trocken schütteln, die Hälfte fein hacken und unter den Joghurt ziehen. Mit wenig Salz abschmecken und in Gläser füllen.

5. Den Bulgur auf vier Teller verteilen und das gebratene Gemüse daraufgeben. Mit der übrigen Petersilie garnieren und den Dip dazu reichen.

Schwarzkohl MIT QUITTEN

ZUTATEN

1 kg Schwarzkohl (Palmkohl)
Salz
1 große Quitte, ca. 250 g
2 EL Olivenöl
1–2 EL Zitronensaft
1 TL flüssiger Honig
Pfeffer, aus der Mühle

ZUBEREITUNG

VEGETARISCH

1 Vom Kohl die harten Stiele entfernen, die Blätter abbrausen und grob hacken. In kochendem Salzwasser etwa 5 Minuten (Garzeit hängt vom Alter des Kohls ab) mit leichtem Biss weich kochen. Abgießen, abschrecken und ausdrücken.

2 Die Quitte abreiben, schälen, halbieren, das Kerngehäuse herausschneiden und die Hälften in schmale Spalten schneiden. In einer großen, heißen Pfanne im Öl 4–5 Minuten leicht goldbraun braten. Den Kohl untermischen und mit Zitronensaft, Honig, Salz und Pfeffer abgeschmeckt servieren.

TIPP
Mit Ahornsirup statt Honig wird das Gericht vegan.

Tajine mit Quitten
UND OKRASCHOTEN

VEGAN

ZUTATEN

- 2 Quitten
- 2 Zwiebeln
- 4 Knoblauchzehen
- 400 g Aprikosen
- 350 g Okraschoten
- 2 EL Olivenöl
- 1 TL Kurkumapulver
- 1 TL Kreuzkümmelpulver
- 2 TL Ras el-Hanout (arabische Gewürzmischung)
- Saft einer ½ Zitrone
- 300 ml Gemüsebrühe
- Salz
- Pfeffer, aus der Mühle
- ½ TL Chiliflocken
- 3 EL Honig

ZUBEREITUNG

1. Die Quitten schälen, halbieren, entkernen und würfeln. Die Zwiebeln und den Knoblauch ebenfalls schälen und in kleine Würfel schneiden. Die Aprikosen waschen, halbieren und entkernen. Die Okraschoten waschen, putzen und in Stücke schneiden.

2. Das Olivenöl in einem Topf oder einer Tajine erhitzen, die Zwiebeln, den Knoblauch und die Quitten darin anschwitzen. Mit Kurkumapulver, Kreuzkümmelpulver und dem Ras el-Hanout bestreuen, mit Zitronensaft und Brühe ablöschen. Zugedeckt zum Kochen bringen und bei niedriger Temperatur unter gelegentlichem Rühren garen, bis die Quitten zu zerfallen beginnen.

3. Die Aprikosen und die Okraschoten dazugeben, weitere ca. 10 Minuten garen. Mit Salz, Pfeffer, den Chiliflocken und mit Honig abschmecken. Dazu nach Belieben Reis servieren.

Wachteln mit Mandeln, geschmorten Quitten und Pilawreis

ZUTATEN

4 Quitten
Butter, für die Form
Salz
Pfeffer, aus der Mühle
150 ml trockener Weißwein
150 ml Geflügelbrühe

Für den Pilaw-Reis
1 Zwiebel
4–5 getrocknete Aprikosen
2 EL Butter
250 g Basmatireis
Salz
1 unbehandelte Zitrone, Abrieb und Saft
40 g gehackte Pistazien
4 Wachteln (Jumbo)
30 g flüssige Butter
60 g ganze Mandelkerne, ungeschält

ZUBEREITUNG

1. Den Backofen auf 200°C Umluft vorheizen. Die Quitten waschen, die Schale abreiben und die Früchte in Spalten schneiden. Vom Kernhaus befreien und im Zitronensaft wenden. In einer großen, mit Butter ausgestrichenen Auflaufform verteilen, salzen, pfeffern und mit dem Wein und der Brühe übergießen. Im Ofen ca. 40 Minuten backen; dabei gelegentlich wenden.

2. Zwiebel schälen und fein würfeln. Die getrockneten Aprikosen hacken. Die Butter in einem Topf erhitzen und den Reis zusammen mit den Zwiebeln darin unter Rühren anschwitzen. Mit etwa der doppelten Menge Wasser ablöschen, salzen und die Aprikosen sowie den Zitronenabrieb hinzufügen. Zugedeckt bei niedrigster Temperatur etwa 15 Minuten garen. 5–10 Minuten zugedeckt neben dem Herd gar ziehen lassen. Pistazien einrühren und den Reis warmhalten.

3. Die Wachteln waschen und trocken tupfen. Mit Küchengarn in Form binden, mit der flüssigen Butter bepinseln und mit Salz und Pfeffer würzen. Die Mandeln hacken, die Wachteln damit bestreuen und etwas andrücken. In den letzten 20 Minuten zu den Quitten betten und beides zusammen fertig backen,.

Wirsingrouladen
MIT QUITTEN-HACK-FLEISCH-FÜLLUNG

ZUTATEN

1 Quitte
2 TL Zitronensaft
1 Zwiebel
2 Knoblauchzehen
Butter
1 Brötchen,
 vom Vortag
4 große Wirsingblätter
Salz
1 EL frisch gehackter
 Rosmarin
500 g gemischtes
 Hackfleisch
Pfeffer, aus der Mühle
500 ml Fleischbrühe
frischer Rosmarin, zum
 garnieren

ZUBEREITUNG

1 Die Quitte schälen, halbieren, entkernen und fein raspeln. Die Quittenraspel mit dem Zitronensaft vermischen. Die Zwiebel und den Knoblauch schälen und fein würfeln. Die Butter in einer Pfanne erhitzen. Die Zwiebel und den Knoblauch darin glasig werden lassen, die Quittenraspel und ca. 150 ml Wasser hinzufügen. Unter gelegentlichem Rühren schmoren lassen, bis das Wasser verdampft ist.

2 Das Brötchen in lauwarmem Wasser einweichen. Dicke Blattadern des Wirsings ggf. flach schneiden und die Blätter in kochendem Salzwasser ca. 3 Minuten blanchieren. In Eiswasser abschrecken, abtropfen lassen und mit Küchenpapier trocken tupfen. Das ausgedrückte Brötchen mit den gebratenen Quitten, dem Rosmarin und dem Hackfleisch verkneten. Mit Salz und Pfeffer abschmecken. Das Hackfleisch auf den Wirsingblättern verteilen und darin einschlagen. Mit Küchengarn festbinden.

3 Die Wirsingrouladen in einem Schmortopf mit der Brühe übergießen und zugedeckt bei niedriger Temperatur ca. 30 Minuten garen, bis sich die Rouladen auf Druck hin stramm anfühlen. Mit frischem Rosmarin garnieren und direkt aus dem Schmortopf servieren.

Kalbsragout mit QUITTEN UND KUMQUATS

ZUTATEN

600 g Kalbfleisch, aus der Schulter
150-200 g Möhren
1 Schalotte
1 Knoblauchzehe
2 EL Pflanzenöl
Salz
Pfeffer, aus der Mühle
edelsüßes Paprikapulver
1 EL Tomatenmark
150 ml trockener Weißwein
350 m Kalbsfond
150 ml Orangensaft
2 Sternanis
2 Gewürznelken
1 Lorbeerblatt
150 g Kumquats
2 Quitten

ZUBEREITUNG

1. Das Fleisch waschen, trocken tupfen und in mundgerechte Würfel schneiden. Die Möhren schälen und in kleine Würfel schneiden. Die Schalotte und den Knoblauch abziehen und fein hacken. In einem Topf das Öl erhitzen und das Fleisch rundherum scharf anbraten. Mit Salz und Pfeffer würzen, mit Paprika bestäuben und herausnehmen.

2. Die Möhren mit dem Knoblauch und der Schalotte in dem Topf ebenfalls anbraten, das Tomatenmark einrühren, kurz Farbe nehmen lassen und mit dem Wein ablöschen.

3. Den Fond und den Orangensaft angießen, das Fleisch und die Gewürze zugeben und alles bei mittlerer Hitze ca. 45 Minuten schmoren lassen.

4. Inzwischen die Kumquats waschen, halbieren, nach Belieben die Kerne entfernen. Die Quitten schälen, vierteln, die Kerngehäuse entfernen und das Fruchtfleisch in mundgerechte Stücke schneiden. Die Kumquats und Quitten in das Ragout mischen und alles zusammen weitere 30 Minuten zugedeckt garen. Abschmecken und servieren.

Chili con Carne
MIT QUITTEN

ZUTATEN

- 600 g Quitten
- 800 g Kidneybohnen (Dose)
- 1 Gemüsezwiebel
- 3 Knoblauchzehen
- 2 Chilischoten
- 2 EL Olivenöl
- 500 g Rinderhack
- 2 EL Tomatenmark
- 400 g stückige Tomaten (Dose)
- 200 ml passierte Tomaten
- Salz
- Pfeffer, aus der Mühle
- 1 EL geräuchertes Paprikapulver (Pimentón de la Vera)
- ½ TL gemahlener Kreuzkümmel
- 2 EL Rosinen

Zum Servieren
Koriandergrün

ZUBEREITUNG

1 Die Quitten schälen und in ca. 1,5 cm große Würfel schneiden. Die Bohnen abgießen, abbrausen und abtropfen lassen. Die Zwiebel und den Knoblauch schälen und beides fein würfeln. Die Chilischoten waschen, von Zwischenhäuten und Kernen befreien und fein hacken.

2 In einer großen Pfanne das Öl erhitzen und die Zwiebeln darin hell anschwitzen. Das Hackfleisch zugeben und krümelig braten. Das Tomatenmark unterrühren und kurz mit angehen lassen. Die stückigen und die passierten Tomaten, Quitten-, Knoblauch- und Chiliwürfel zufügen. Alles mit Salz, Pfeffer, Paprikapulver und Kreuzkümmel würzen und ca. 30 Minuten bei schwacher Hitze köcheln lassen. Die Rosinen und die Kidneybohnen untermischen und das Chili noch ca. 15 Minuten köcheln lassen.

3 Das Koriandergrün abbrausen, trocken tupfen, die Blättchen fein hacken und unterrühren. Das Quitten-Chili mit Salz und Pfeffer abschmecken, auf Tellern anrichten und mit Koriandergrün garniert servieren.

Lammragout mit Quitten

ZUTATEN

- 750 g Lammfleisch, aus Keule oder Nacken
- 1 Zwiebel
- 25 g frischer Ingwer
- 3 Knoblauchzehen
- 2 rote Chilischoten
- 500 g kleine Quitten
- Saft von 1 Zitrone
- 2 EL Butterschmalz
- Salz
- Pfeffer, aus der Mühle
- 1 TL Korianderpulver
- 1 TL Kreuzkümmelpulver
- 1 TL Ras el-Hanout (arabische Gewürzmischung)
- 600 ml Rinderbrühe
- 2–3 EL Honig
- frische Käuter, zum garnieren

ZUBEREITUNG

1. Das Lammfleisch waschen, trocken tupfen und in Würfel mit ca. 2 cm Kantenlänge schneiden. Die Zwiebel, den Ingwer und den Knoblauch schälen und fein würfeln. Die Chilischoten waschen, von Zwischenhäuten und Kernen befreien und hacken. Die Quitten schälen, vierteln, entkernen und mit dem Zitronensaft vermengen.

2. Das Butterschmalz in einem großen Topf erhitzen und das Fleisch darin von allen Seiten braun anbraten. Mit Salz und Pfeffer würzen, die Zwiebel, den Ingwer, den Knoblauch und die Chilischoten dazugeben und anschwitzen. Mit den restlichen gewürzen bestreuen, kurz anrösten und dann mit der Brühe ablöschen. Die Quitten dazugeben und zugedeckt bei mäßiger Temperatur ca. 45 Minuten kochen lassen, bis das Fleisch zart ist und die Quitten weich sind. Mit Salz, Pfeffer und Honig abschmecken.

3. Auf Tellern anrichten und mit frischen Kräutern garnieren.

Couscous mit MEERESFRÜCHTEN

ZUTATEN

- 150 g getrocknete Kichererbsen
- 1 kg Tomaten
- 1 Zwiebel
- 1 Knoblauchzehe
- 3–4 EL Olivenöl
- 150 ml trockener Weißwein
- 250 g festkochende Kartoffeln
- 2 Quitten
- 2 eingelegte Salzzitronen (aus dem orientalischen Lebensmittelladen)
- Salz
- Pfeffer, aus der Mühle
- 4 Zackenbarsch-Koteletts, à ca. 120 g
- 200 g Mini-Pulpos
- 8 Riesengarnelen
- 200 g Couscous, Instant

ZUBEREITUNG

1 Die Kichererbsen über Nacht mit Wasser bedeckt einweichen. Anschließend abtropfen lassen. Die Tomaten überbrühen, abschrecken, häuten, vierteln, entkernen und das Fruchtfleisch würfeln. Die Zwiebel und den Knoblauch schälen, den Knoblauch fein hacken und die Zwiebel klein würfeln. In einer großen Pfanne in heißem Öl farblos anschwitzen. Mit dem Wein ablöschen und die Tomaten ergänzen. Die Kichererbsen untermischen und zugedeckt ca. 20 Minuten leise köcheln lassen. Nach Bedarf Wasser ergänzen. Die Kartoffeln schälen, waschen und vierteln. Die Quitten abreiben, waschen, schälen, in Spalten schneiden und die Kerngehäuse herausschneiden. Die Zitronen ebenfalls in Spalten schneiden und mit den Quitten und Kartoffeln zu den Kichererbsen geben. Mit Salz und Pfeffer würzen und zugedeckt weitere 20 Minuten garen. Den Fisch und die Meeresfrüchte abbrausen, mit Salz und Pfeffer würzen, zum Gemüse geben und alles zusammen zugedeckt 5–10 Minuten lang gar ziehen lassen.

2 Den Couscous nach Packungsangabe kochen und den mit Salz und Pfeffer abgeschmeckten Fisch mit dem Gemüse und Früchten darauf angerichtet servieren.

Mandelcreme mit BIRNE UND QUITTE

ZUTATEN ZUBEREITUNG   VEGETARISCH

2 Quitten
100 g Zucker (40 g + 60 g)
Saft von ½ Zitrone
150 ml trockener Weißwein
2 Birnen
2 EL brauner Zucker
1 Ei
2 Eigelbe
1 TL Vanillezucker
75 g Mandelmus
2 EL Mandellikör (Amaretto)
200 g Quark, 40%
150 ml kalte Sahne

1 Die Quitten schälen, halbieren, entkernen und würfeln. Zusammen mit 40 g Zucker in einem Topf unter Rühren erhitzen, bis der Zucker karamellisiert ist. Mit dem Zitronensaft und dem Weißwein ablöschen (Vorsicht vor Spritzern!) und zugedeckt köcheln lassen, bis die Quittenwürfel weich sind, aber noch nicht zerfallen. Die Quitten abtropfen lassen und im Kühlschrank kalt stellen.

2 Die Birnen schälen, halbieren, entkernen und würfeln. In einer Pfanne zusammen mit dem braunen Zucker unter Schwenken erhitzen, bis sich der Zucker aufgelöst hat. Die Birnen zu den Quitten geben und beides zusammen noch ca. 1 Stunde kalt stellen.

3 Das Ei und die Eigelbe mit dem restlichen Zucker (60 g) und dem Vanillezucker hellschaumig aufschlagen. Das Mandelmus, den Likör und den Quark einrühren. Die Sahne steif schlagen und unterheben. Die Obstmischung in 4 Gläser füllen und die Mandelcreme darüber schichten.

Quittendessert
MIT ZIMT, VANILLE UND LORBEER

ZUTATEN

- 4-6 Quitten
- 10 g Ingwer
- 100 ml Apfelsaft
- 2 EL Honig
- 2 EL Butter
- 2 Lorbeerblätter
- 2 Zimtstangen
- 1 Vanilleschote

ZUBEREITUNG

1 Den Ofen auf 160 °C Unter- und Oberhitze vorheizen.

2 Die Quitten mit einem Küchentuch abreiben, schälen, halbieren (nach Belieben das Kernhaus herausschneiden oder belassen) oder in Spalten schneiden. Den Ingwer schälen und fein reiben. Die Quitten auf einem Backblech verteilen. Den Apfelsaft mit dem Honig, der Butter, dem geriebenen Ingwer, den Lorbeerblättern, den Zimtstangen und der längs halbierten Vanilleschote erwärmen und über die Quitten verteilen.

3 Im Ofen ca. 40 Minuten weich garen lassen und währenddessen ab und zu wenden.

TIPP
Dazu nach Belieben Schlagsahne reichen.

Quittenbrot

VEGAN

ZUTATEN

(Für ca. 100 Stückchen)
1½ kg Quitten
ca. 1⅛ kg Zucker
Saft von 1 Zitrone
Zucker, zum Wenden

ZUBEREITUNG

1 Die Quitten waschen und trocken reiben. Stiel und Blüte entfernen. Die Quitten halbieren oder vierteln und in einen großen Topf geben. Mit Wasser bedeckt aufkochen und etwa 30 Minuten weich kochen lassen. Anschließend die Quitten aus dem Wasser nehmen und abkühlen lassen.

2 Das Wasser nach Wunsch für Quittengelee weiterverwenden.

3 Die Früchte schälen und entkernen. Das Fruchtfleisch wiegen und mit derselben Menge Zucker in einen Topf geben. Mit einem Kartoffelstampfer zerdrücken und aufkochen lassen. Den Zitronensaft dazu geben und unter regelmäßigem Rühren sanft köcheln (Vorsicht Spritzgefahr), bis die Masse eine breiige Konsistenz hat (ca. 30 Minuten). Das Mus auf ein mit Backpapier belegtes Blech streichen und 1–2 Tage an einem kühlen Ort trocknen lassen. Anschließend in Würfel schneiden und in Zucker wenden.

Millefeuille
MIT QUITTENPASTE UND MANDELCREME

ZUTATEN

Für die Quittenpaste (Rezept S. 44)
- 1 kg Quitten
- Zucker, nach Bedarf
- 1 Zitrone, Saft

Für die Mandelcreme
- 75 g weiche Butter
- 130 g Puderzucker
- 2 EL Vanillezucker
- 3 Eier
- 200 g Mandelmehl
- 20 ml Mandellikör (Amaretto)

Für die Millefeuilles
- 2 große dünne Teigblätter, z. B. Brick- oder Yufkateig
- 4 EL zerlassene Butter
- Rote Johannisbeeren, für die Garnitur

ZUBEREITUNG

 VEGETARISCH

1. Die Quittenpaste nach dem Rezept S. 44 zubereiten. 1 cm hoch auf ein Backblech streichen und erkalten lassen. Die Quittenpaste anschließend in verschieden große Quadrate mit 5, 6 und 7 cm Seitenlänge schneiden.

2. Für die Mandelcreme die Butter mit dem Puderzucker und dem Vanillezucker cremig rühren. Die Eier einzeln zufügen und jeweils vollständig unterrühren, bevor das nächste folgt. Das Mandelmehl untermischen und den Amaretto unterrühren. Die Mandelcreme bis zur Verwendung kühl stellen.

3. Die Backofentemperatur auf 200 °C (Umluft) vorheizen. Ein Backblech mit Backpapier belegen. Ein Teigblatt dünn mit Butter bestreichen, das zweite Blatt auflegen und ebenfalls dünn mit Butter bepinseln. Die Teigblätter in Quadrate mit 7 cm Seitenlänge und größere mit 8 cm Seitenlänge und in vier Dreiecke schneiden. Die Quadrate und Dreiecke auf das Blech setzen und im Ofen in ca. 2 Minuten knusprig backen, dann herausnehmen.

4. Den Teig abwechselnd mit Quittenpaste (nach oben kleinere Quadrate verwenden) und Mandelcreme auf Tellern aufschichten, dabei mit einer Schicht Mandelcreme abschließen. Diese mit Johannisbeeren und einem Teigdreieck garnieren.

Sandkekse mit QUITTENPASTE

VEGETARISCH

ZUTATEN

- 180 g Butter
- 150 g Zucker
- 1 Prise Salz
- ½ Vanilleschote, Mark
- 1 Ei
- 300 g Mehl
- 1 unbehandelte Zitrone
- 75 g Zucker, zum Bestreuen
- Mehl, für die Arbeitsfläche
- ca. 200 g Quittenpaste, Rezept S. 44

ZUBEREITUNG

1. Die Butter mit dem Zucker, Salz und dem Vanillemark cremig rühren. Das Ei unter die Buttermasse rühren und das Mehl nach und nach unterrühren. Alles krümelig hacken, dann mit den Händen rasch zu einem glatten Teig verarbeiten. Den Teig zur Kugel formen, in Frischhaltefolie wickeln und 30 Minuten kühl ruhen lassen.

2. Inzwischen die Zitrone heiß waschen, trocken tupfen und die Schale fein abreiben. Den Zitronenabrieb mit dem Zucker zum Bestreuen auf einem Teller vermischen.

3. Den Teig auf einer leicht bemehlten Arbeitsfläche nochmals kurz durchkneten. Den Teig in 2 Portionen teilen, jeweils zu langen Rollen (2 cm Ø) formen und diese erneut ca. 2 Stunden kühl stellen.

4. Den Backofen auf 180°C Ober- und Unterhitze vorheizen. Ein Backblech mit Backpapier belegen. Die Rollen in ca. 1 cm dicke Scheiben schneiden und in die Mitte jeder Scheibe mit dem Daumen eine Vertiefung eindrücken. Die Kekse mit ca. 1 TL Quittenpaste füllen, mit dem Zitronenzucker bestreuen, auf das Blech legen und im Ofen ca. 15 Minuten backen. Herausnehmen, die Kekse auf einem Kuchengitter auskühlen lassen und servieren.

Quittengelee
MIT SAFRAN

VEGAN

ZUTATEN

(Für 6-8 Gläser à ca. 250 ml)
1½ kg Quitten, (ergeben ca. 1 l Saft)
Saft von 1 Zitrone
10 Safranfäden
½ TL Vanilleextrakt
ca. 1 kg Gelierzucker, 1:1

ZUBEREITUNG

1 Die Quitten abreiben, waschen, putzen und mit Schale und Kerngehäuse in Würfel schneiden. Die Quitten in einen Topf mit 0,75 l Wasser bedecken. Den Zitronensaft zufügen, alles zum Kochen bringen und die Quitten unter gelegentlichem Rühren in ca. 45 Minuten weich kochen.

2 Anschließend ein großes Sieb mit einem feuchten Passiertuch auslegen, auf einen großen Topf stellen, das Kochgut eingießen und den Saft abtropfen lassen. Dabei die Quittenmasse bei Bedarf beschweren, damit der komplette Saft austritt. Den Saft abmessen – es sollte ca. 1 l sein – und in einen großen Topf geben. 100 ml Saft abnehmen, mit den Safranfäden kurz aufkochen und etwas abkühlen lassen. Die Mischung zum übrigen Saft in den Topf gießen, Vanilleextrakt unterrühren und den Quittensaft leicht abkühlen lassen.

3 Den Quittensaft abwiegen und dieselbe Menge (ca. 1 kg) Gelierzucker hinzufügen, alles gut vermischen. Die Mischung unter Rühren aufkochen und ca. 4 Minuten sprudelnd kochen lassen. Den Topf vom Herd nehmen. Die vorbereiteten sauberen Gläser randvoll füllen, sofort gut verschließen und das Gelee erstarren lassen.

Gedünstete Quitten
MIT ZIMTZUCKER

VEGAN

ZUTATEN

4 Birnenquitten
2 EL brauner Zucker
Saft von 1 Zitrone
40 ml Calvados
120 ml Apfelsaft
3–4 EL Zimtzucker

ZUBEREITUNG

1 Die Quitten abreiben, schälen, halbieren und das Kernhaus ausstechen oder herausschneiden. Den Zucker in einer heißen Pfanne schmelzen und leicht karamellisieren lassen. Mit dem Zitronensaft, Calvados und Apfelsaft ablöschen. Die Quitten zugeben, mit dem Sud übergießen und zugedeckt 15–20 Minuten gar dünsten.

2 Die Quitten aus der Pfanne nehmen, mit etwas Sud übergießen und mit Zimtzucker bestreut servieren.

Kleine Tartes mit QUITTEN UND BROMBEEREN

ZUTATEN

(Für 4 Tarteförmchen, Ø ca. 10 cm)

Für den Teig
175 g Mehl
30 g Zucker
40 g gemahlene Mandeln
1 EL Vanillezucker
1 Prise Salz
100 g kalte Butter
1 Eigelb
Butter und Mehl, für die Formen
Mehl, zum Arbeiten

Für die Füllung
2 Quitten
Saft von ½ Zitrone
200 ml trockener Weißwein
100 g Zucker
150 g Brombeeren

ZUBEREITUNG

VEGETARISCH

1. Für den Teig das Mehl mit dem Zucker, den gemahlenen Mandeln, dem Vanillezucker und dem Salz in einer Schüssel mischen. Die Butter in kleinen Stücken daraufsetzen. Das Eigelb verquirlen und dazugeben. Alles rasch zu einem glatten Teig verkneten, in Folie wickeln und ca. 30 Minuten in den Kühlschrank legen.

2. Für die Füllung die Quitten schälen, halbieren, entkernen und in Würfel schneiden. Mit dem Zitronensaft vermengen. Den Weißwein mit dem Zucker in einem Topf zum Kochen bringen und die Quittenwürfel darin garen, bis sie weich sind. Aus dem Weißwein heben und abtropfen lassen. Die Brombeeren waschen und mit Küchenpapier trocken tupfen.

3. Den Backofen auf 180 °C Umluft vorheizen.

4. Die Förmchen ausbuttern und mit Mehl bestäuben. Den Teig vierteln und jeweils auf bemehlter Fläche etwas größer als die Förmchen ausrollen, in das Förmchen hineinlegen und einen Rand formen. Zuerst die Quittenwürfel und dann die Brombeeren in den Formen verteilen. Im Ofen ca. 25 Minuten backen, bis die Teigränder goldbraun sind.

Quitten-Crumble
MIT ÄPFELN

ZUTATEN | ZUBEREITUNG | VEGETARISCH

(Für 1 kleine Springform, Ø18 cm)
2 Quitten
Saft von ½ Zitrone
2 Vanilleschoten
150 g brauner Zucker
1 Gewürznelke
150 ml trockener Weißwein
2–3 säuerliche Äpfel
Butter, für die Form
75 g kalte Butter
125 g Mehl
½ TL Zimt
75 g Zucker

1. Die Quitten schälen, entkernen und in Würfel schneiden. In eine Schüssel geben und mit dem Zitronensaft beträufeln. Die Vanilleschoten der Länge nach aufschlitzen und das Mark herauskratzen. Die Schoten und das Mark zusammen mit dem Zucker, der Gewürznelke, 120 ml Wasser und dem Wein in einen Topf geben und aufkochen. Die Quittenwürfel darin zugedeckt ca. 15 Minuten kochen, dann aus dem Sirup nehmen.

2. Zwischenzeitlich den Backofen auf 180°C Ober- und Unterhitze vorheizen.

3. Die Äpfel schälen, entkernen und grob würfeln. Mit den abgetropften Quittenwürfeln vermengen und in einer gebutterten Springform verteilen.

4. Für die Streusel die Butter würfeln. Das Mehl, Zimt und Zucker dazugeben und mit den Händen zu Streuseln verreiben. Gleichmäßig über das Obst streuen, andrücken und im Ofen ca. 25 Minuten goldbraun überbacken. Auskühlen lassen und den Rand der Springform entfernen.

Tarte Tatin
MIT QUITTEN

ZUTATEN

- 800 g Quitten
- Saft von 1 Zitrone
- 100 ml trockener Weißwein
- 100 g Butter
- 200 g Zucker
- 350 g Blätterteig

ZUBEREITUNG

VEGETARISCH

1. Die Quitten mit einem Tuch abreiben. Stiele und Blütenansätze abschneiden. Dann die Früchte schälen und längs in Achtel teilen. Die Kerngehäuse herausschneiden. Die Achtel mit dem Zitronensaft, 150 ml Wasser und dem Wein in einem kleinen Topf aufkochen lassen, dann ca. 5 Minuten mit viel Biss vorgaren. In einem Sieb abschrecken, abtropfen und abkühlen lassen.

2. Den Ofen auf 180°C Unter- und Oberhitze vorheizen.

3. Die Hälfte der Butter mit der Hälfte vom Zucker in einer ofenfesten Pfanne (Durchmesser ca. 25 cm) auf dem Herd erhitzen und leicht karamellisieren lassen. Die Pfanne vom Feuer nehmen und dicht an dicht mit den Quitten auslegen. Mit dem übrigen Zucker bestreuen und die restliche Butter in Stücken darauf verteilen. Den Blätterteig etwas größer als den Pfannendurchmesser ausrollen. Auf die Quitten legen und am inneren Rand der Pfanne entlang nach unten drücken. Im Ofen ca. 30 Minuten goldbraun backen. Aus dem Ofen nehmen, 5–10 Minuten warten, dann aus der Pfanne stürzen und noch warm oder ausgekühlt servieren.

Pancakes
MIT QUITTENKOMPOTT

ZUTATEN

Für das Kompott
1 kg Quitten
Saft von 1 Zitrone
150 ml trockener Weißwein
150 ml Apfelsaft
200 g Zucker
1 Zimtstange

Für die Pancakes
150 g Mehl
2 EL Zucker
1 TL Backpulver
1 Prise Salz
ca. 250 ml Milch
2 Eier
Pflanzenöl, zum Ausbacken

ZUBEREITUNG

VEGETARISCH

1 Die Quitten abreiben, schälen, vierteln, die Kerngehäuse herausschneiden und die Viertel würfeln. In einer Schüssel mit dem Zitronensaft vermengen. Den Wein mit dem Apfelsaft, Zucker, Zimt und ca. 200 ml Wasser in einem Topf aufkochen lassen. Kochen, bis sich der Zucker gelöst hat. Die Quittenstücke in den Sud geben und ca. 30 Minuten kochen.

2 Für die Pancakes das Mehl mit Zucker, Backpulver und Salz in einer Schüssel gut vermengen. Die Milch einrühren, bis ein dickflüssiger Teig entstanden ist. Die Eier zufügen und unterrühren. Etwa 20 Minuten abgedeckt ruhen lassen.

3 Zum Ausbacken jeweils etwas Öl in eine heiße, beschichtete Pfanne geben und pro Pancake 1–2 EL Teig hineinsetzen. 1–2 Minuten golden anbacken lassen, wenden und etwa 1 Minute fertig backen. Aus der Pfanne nehmen und so portionsweise 12–16 Pancakes ausbacken. Nach Belieben im Ofen bei 80 °C warmhalten.

4 Die Pancakes mit dem Kompott servieren.

TIPP
Das Kompott reicht für 4 Einmachgläser à 350 ml. Wenn es heiß randvoll eingefüllt wird und die Gläser sofort luftdicht verschlossen werden, hält es sich eine ganze Zeit.

Gebackene Quitten
MIT WALNUSSFÜLLUNG

ZUTATEN

ZUBEREITUNG

VEGETARISCH

50 g Rosinen
20 ml Rum
2 große Quitten
weiche Butter, für die Form
20 g weiche Butter
2 EL flüssiger Honig
ca. 200 ml Orangensaft
50 g Walnusskerne
150 g Magerquark
100 g Marzipanrohmasse
1 Eiweiß
½ TL abgeriebene unbehandelte Orangenschale

Zum Bestauben
Puderzucker
Zimtpulver

1 Den Backofen auf 180 °C Ober- und Unterhitze vorheizen.

2 Die Rosinen in dem Rum einweichen. Die Quitten waschen, trocken reiben, längst halbieren und das Kerngehäuse entfernen. An der Rundung etwas gerade schneiden, um die Auflagefläche zu vergrößern, und anschließend in eine gefettete Auflaufform stellen.

3 Die weiche Butter mit dem Honig und 3 EL Orangensaft verrühren und die Schnittfläche der Quitten damit einpinseln. Den restlichen Orangensaft in die Form gießen und die Form mit Alufolie abdecken. Die Quitten im vorgeheizten Backofen ca. 35 Minuten weich backen. Zwischendurch die Schnittflächen mit dem Sud einpinseln. Eventuell etwas Orangensaft nachgießen.

4 Die Walnusskerne hacken und mit dem Quark glatt rühren. Die Marzipanrohmasse mit einer Gabel zerdrücken und mit ca. 2 EL Wasser glatt rühren. Das Eiweiß steif schlagen und mit dem Marzipan unter den Quark heben. Die abgetropften Rosinen und die Orangenschale unter die Masse ziehen und in die weichen Quitten füllen. Den Backofengrill anheizen und die Quitten ca. 10 Minuten goldbraun überbacken.

VERLAGSGRUPPE PATMOS

**PATMOS
ESCHBACH
GRUNEWALD
THORBECKE
SCHWABEN**

Die Verlagsgruppe
mit Sinn für das Leben

Für die Verlagsgruppe Patmos ist Nachhaltigkeit ein wichtiger Maßstab ihres Handelns. Wir achten daher auf den Einsatz umweltschonender Ressourcen und Materialien.

Alle Rechte vorbehalten
© 2018 Jan Thorbecke Verlag,
ein Unternehmen der Verlagsgruppe Patmos
in der Schwabenverlag AG, Ostfildern
www.thorbecke.de

Gestaltung: Saskia Bannasch,
Finken & Bumiller, Stuttgart
Umschlagabbildung: i-stock: Melnikof
Druck: Grafisches Centrum Cuno GmbH & Co. kg, Calbe

Hergestellt in Deutschland
ISBN 978-3-7995-1197-1

BILDNACHWEIS

Stockfood:
S. 4, 17: Jalag/Grossmann. Schuerle, S. 7: The Food Union, S. 18: Sporrer/Skowronek, S. 20: Benjamins, Sven, S. 23, 62: Bischof, Harry, S. 24: Bauer Syndication, S. 29: Hoersch, Julia, S. 30: Schindler, Martina, S. 34: Newedel, Karl, S. 37: Bialy, Boguslaw, S. 42: Weinert, Frank, S. 53: Richards, Charlie, S. 58: Gallo Images Pty Ltd., S. 61: Kompanik, Hannah
Stockfood/Photocuisine:
S. 8, 11, 46: Lawton, S. 12: Roulier-Turiot, S. 14, 54: Vaillant, S. 26, 57: Fénot, S. 33: Nicoloso, S. 38: Sierpinski, S. 40: Studio, S. 45: Gousses de vanille, S. 49: Mallet, S. 50: Barret